I Segreti dell'MLM

I Segreti dei Network Marketer di Successo

Anne Schlosser

© 2020, Anne Schlosser, 2eme Edition

Edition : BoD - Books on Demand

12/14 rond-point des Champs Elysées

75008 Paris

Imprimé par BoD – Books on Demand, Norderstedt

ISBN: 978-2-3222-5951-9

Dépôt légal : 11/2020

Introduzione

Utilizzando questo libro, accetti in pieno queste condizioni.

Nessuna indicazione

Il libro contiene informazioni. L'informazione non è un'indicazione e non dovrebbe essere recepita come tale.

Se pensi di avere una malattia dovresti consultare immediatamente il medico. Non ritardare, trascurare o seguire mai in maniera discontinua le indicazioni del medico a causa delle informazioni del libro.

Nessuna rappresentanza o garanzia

Escludiamo nella misura massima della legge applicabile alla sezione sottostante ogni rappresentanza, garanzia e iniziativa relativa al libro.

Fatta salva la generalità del paragrafo precedente, non rappresentiamo, garantiamo e non ci impegniamo o assicuriamo:

- che le informazioni contenute nel libro siano corrette, accurate, complete o non ingannevoli;
- che l'uso della guida nel libro porterà particolari risultati.

Limitazioni ed esclusioni di responsabilità

Le limitazioni ed esclusioni della responsabilità descritte in questa sezione e altrove in questo disclaimer: sono soggette alla sezione 6 sottostante; impediscono tutte le responsabilità derivanti dal disclaimer o relative al libro, incluse le responsabilità inerenti al contratto, a illeciti civili o per violazione degli obblighi di legge.

Non siamo responsabili di qualsiasi perdite o eventi che vanno oltre il nostro controllo.

Non siamo responsabili riguardo a perdite economiche, perdite o danni a guadagni, reddito, utilizzo, produzione, risparmi, affari, contratti, opportunità commerciali o favori.

Non siamo responsabili riguardo a qualsiasi perdita o danneggiamento di qualsiasi dato, database o programma.

Non siamo responsabili riguardo a qualsiasi particolare perdita o danno indiretto o conseguente.

Eccezioni

In questo disclaimer niente può: limitare o escludere la nostra responsabilità di morte o lesione personale causata da negligenza; limitare o escludere la nostra responsabilità per frode o false dichiarazioni; limitare le nostre responsabilità in qualsiasi modo vietato dalla legge; o escludere le nostre responsabilità che non possono essere escluse dalla legge.

Separabilità

Se una sezione di questo disclaimer è giudicata illegale e/o inapplicabile dalle autorità competenti, le altre sezioni continuano ad essere valide.

Se qualsiasi sezione illegale e/o inapplicabile sarebbe legale o applicabile cancellandone una parte, verrà considerata la possibilità di cancellare quella parte e il resto della sezione continuerà ad essere valida.

Legge e giurisdizione

Questo disclaimer sarà disciplinato e intepretata conformementedalla legge svizzera, e ogni disputa relativa a questo disclaimer sarà soggetta all'esclusiva giurisdizione dei tribunali della Svizzera.

Introduzione 9

Capitolo 1: Che cos'è l'MLM o Network Marketing? 11

Capitolo 2: Schemi Piramidali vs. Network Marketing . 22

    Investimento iniziale 24

    Prodotto 25

    Requisiti dell'Inventario 26

    Formazione dei Dipendenti 27

    Considerazione 27

    Vendite 28

    Rappresentazione dei Guadagni confrontata con l'Aspettativa 28

Capitolo 3: Abilità e Sviluppo Marketing 30

    Influenza 31

    Abilità 31

    Focus 32

    Etica Lavorativa 34

    Credenza 34

    Fede 35

    Comunicazione 35

Capitolo 4: Il Piano in 7 Passi 36

Conoscere il Significato del Successo nel Business ...37

Creazione di un Programma che aiuterà con il Successo dell'MLM 37

I vantaggi della Formazione di cui approfittare 38

Utilizzo degli Strumenti di Marketing 38

Partecipare ad Assemblee ed Eventi Sociali per Diventare Un Miglior Distributore 39

Presentare i Prodotti alle Persone 40

Uso dei Media per promuovere il business 41

Capitolo 5: I Segreti del Successo 42

Essere formabili 42

Sviluppo dei tuoi scopi, sogni e obiettivi 43

Lavoro 43

Essere costantemente tenaci 44

Essere social 44

Conclusioni 46

Introduzione

L'MLM o Marketing Multi-Livello è un utilizzo a base concettuale del marketing di un'attività. Dipende dal marketing che è stato sviluppato attraverso una rete. Spiega che tutto il personale che lavora nell'azienda sarà motivato e incoraggiato non solo a vendere i prodotti o i servizi, ma anche che questi membri dovranno continuare ad espandere le loro reti assumendo più membri per il marketing dell'azienda e delle reti di marketing.

Il bel concetto è che il business è visto come una situazione win-win per le aziende e le persone che si sono impegnate in questo metodo. Il marketing MLM è un concetto che sta dando benefici non solo alle persone ma anche alle aziende, le quali ottengono la vendita dei propri prodotti. Le vendite apportano commissioni alla persona che ha fatto quella vendita ma la persona otterrà delle commissioni anche da un'altra persona da lei reclutata. Il piano di compensazione viene deciso dall'azienda, quindi i marketer fanno soldi in relazione ad esso. Anche le nuove persone introdotte nella proficua opportunità di business otterranno benefici.

Capitolo 1: Che cos'è l'MLM o Network Marketing?

L'MLM o network marketing a volte dà alle persone un'impressione poco eccitante. Le persone percepiscono questo concetto come meno eccitante di altri perché viene usato per spostare i prodotti e i servizi dell'azienda ad altri proprio come un'operazione di franchising. Le persone considerano il marketing MLM come un mini- franchising dell'azienda che offre i propri prodotti e servizi. Nella concezione corrente, il Network Marketing è un franchising di lavoro i cui membri ottengono un basso livello di remunerazione, imparano le tecniche di vendita, fanno esperienza e poi vanno avanti con il successivo mini- franchising. Questi ulteriori franchising sono poi liberi di essere gestiti nei limiti di regole, regolamenti e linee guida imposti dalla particolare azienda. Chi opera in franchising deve solo allineare i propri interessi e regolarizzare i propri metodi di lavoro.

Il processo di pubblicizzazione e vendita dei prodotti prende in considerazione alcuni metodi e processi convenzionali ed anche tradizionali. Queste vendite vengono eseguite tramite vendite dirette o vendite faccia a faccia. Entrambi questi concetti sono estremamente importanti nel momento in cui si effettua la vendita. In tutto il mondo ci sono molte società e aree in cui le persone stanno una di fronte all'altra per vendere e comprare. Ma negli Stati Uniti d'America le persone che fanno marketing personalizzato vengono spinte ai margini. Questo tipo di vendita personale è considerato vecchio ed è stato rimpiazzato da internet, social media marketing, centri commerciali e anche altre tecniche impersonali usate per muovere quantità gigantesche di beni e servizi.

Dispiace dirlo, ma ci sono ancora delle autorità che vogliono discorsi viscidi o tipi senza scrupoli quando effettuano vendite rappresentando i metodi storici e tradizionali. Le autorità vogliono solo vendere. Nel 1800, il famigerato 'venditore di elisir' vendeva il suo olio liquido o qualche tipo di polverina a tutte le persone che avevano qualche malattia o dei problemi coniugali. Non c'erano metodi sistematici e particolari di fare marketing ed era il momento in cui stava per nascere una rete di marketing. Le aree pubblicitarie erano regolate dall'aiuto di qualche autorità autorizzante dell'industria delle vendite che aiutava i venditori. Ai venditori venivano fornite linee guida su ciò che potevano dire e ciò che non potevano dire. Era il tempo in cui le vendite dirette o personalizzate avevano una cattiva fama e reputazione. Non avevano nessuna particolare idea su come vendere i propri beni e servizi. Il sistema delle vendite dirette era scaduto, a quel tempo.

Alcuni dei primi venditori del concetto di marketing MLM non avevano idea di come effettuare vendite. Cominciarono con l'esempio del Venditore di Elisir e cominciarono a vendere con il caso particolare in mente. C'erano altri concetti etici e regolarizzati di marketing nell'industria in cui esperti e persone istruite servivano le proprie aziende vendendo i loro beni e servizi. Quei primi venditori diedero una cattiva reputazione all'industria, cos che apportò effetti negativi. Queste persone cominciarono a lodare eccessivamente, promettere eccessivamente, mentire palesemente e promuovere eccessivamente i particolari prodotti e servizi.

Le persone erano fortemente attratte dall'industria MLM. Alcune persone vi si dedicavano solo in vista di una certa quantità di denaro da guadagnare e questo ha portato a disprezzare il concetto come se si basasse soltanto su bugie e idee sbagliate sul sistema.

All'inizio del marketing MLM, le persone non avevano idea di cosa aspettarsi e le persone irregolari o senza scrupoli nel campo fecero una cattiva impressione. Nel mondo di oggi ci sono ancora persone che creano la propria rete di persone promettendo loro che si arricchiranno velocemente. In queste potenziali assunzioni si diceva che si trattava di un concetto da milioni di dollari e che i problemi della vita sarebbero stati risolti una volta entrati a far parte dell'industria MLM.

Tutti questi problemi sono accettabili, dal momento che tutte le industrie devono affrontare problemi simili quando iniziano. Si tratta di sezioni o persone che di solito esagerano nel presentare le situazioni esistenti. Alcuni promettono troppo alle persone e altri fanno associazioni con cose che non sono come dovrebbero essere. Ad esempio, gli avvocati hanno una cattiva reputazione perché usano le persone in modo non etico. Pensano alle persone come a delle prede e usano le loro debolezze per fare soldi. Sono considerati gli 'inseguitori di ambulanze' del momento. Ma non tutti gli avvocati sono così; alcuni sono il miglior esempio della loro professione. Aiutano le persone e fanno il loro lavoro come il resto delle persone.

Per la maggior parte dei networker o dei marketer MLM vale lo stesso. Credono in un particolare concetto. Pensano che i loro prodotti e servizi siano usati ogni giorno e sono interessati a venderli, lavorando su di essi e formando poi ulteriori reti di recrutatori e anche assumendo persone. Vogliono far crescere il proprio business e raggiungere gli obiettivi definitivi dell'azienda.

Ci sono ancora persone nell'industria che scuotono gli altri lavoratori facendo loro credere che il network marketing sia l'unico modo in cui possono mitigare i problemi della vita. È molto importante non usare un solo pennello per dipingere l'industria.

Le persone che sono interessate al network marketing devono portare il proprio lavoro nella direzione giusta. Devono lavorare per le giuste ragioni e interessi, i quali le aiuteranno a costruire la propria carriera e il proprio destino. Unendoti al network marketing, considera che il successo da raggiungere in poco tempo è completamente sbagliato. La disperata ricerca di denaro e altri tipi di pressione non sono ingredienti particolarmente efficaci per diventare ricchi da un giorno all'altro. Se una persona vuole avere successo nel campo prescelto, deve lavorare con passione. Deve concentrarsi su responsabilità, prodotti e servizi da vendere e presentare ai clienti. Ad esempio, se stai per vendere un particolare cosmetico per il viso, dovresti provare ad usarlo prima di uscire a venderlo a qualcuno. Quando ci sarà un'applicazione pratica del prodotto, la tua pelle risplenderà e le persone vorranno vedere i risultati che il prodotto sta dando. Ci sarà per gli altri un'anteprima della tua passione per il tuo lavoro e della relazione con i tuoi prodotti. Il cliente osserverà i prodotti e si interesserà al prodotto. Aprirà le porte a possibili vendite, e nuovi impiegati verranno assunti.

Guardando allo stile di vita, la maggior parte dei network o MLM marketer sarà completamente coinvolta nei gruppi di vendita e si sentirà a proprio agio e a casa con gli altri membri del gruppo, che siano sopra o sotto di loro. Quando i prodotti e i servizi della particolare azienda vengono usati anche da te, i distributori familiarizzeranno con essi. Cominceranno a parlare dell'opportunità e della possibilità che è stata loro offerta e diventerà la loro seconda natura.

Se si guardano le cose attraverso gli occhi del business, è possibile e potenzialmente accettabile usare il Marketing MLM o il network marketing per attirare clienti e guadagnare milioni di dollari. Questo aiuterà l'azienda a raggiungere gli obiettivi desiderati, che si tratti di equivalenti tangibili o meno. In termini reali e aspetti comuni, ai network marketer è richiesto di guadagnare modeste quantità di denaro. Le persone che stanno pensando di entrare nell'industria dell'MLM devono impostare i propri obiettivi e scopi in modo che siano raggiungibili, ma devono essere formulati in termini realistici e basati sui fatti.

Impostare gli obiettivi dela compagnia è molto importante ed è considerato l'aspetto più basilare e importante della vita e anche della carriera. Questo verrà preso in considerazione più avanti nel libro, quando verranno discussi il Marketing MLM e le sue tecniche.

Se una persona vuole scegliere una compagnia di network marketing, è fondamentale che quella persona cerchi di portare avanti i concetti di marketing della compagnia e dia prova della propria diligenza personale prima di essere coinvolta nel sistema. La persona deve capire le regole e le linee guida seguite dalla compagnia e farle seguire anche dai marketer. Ci sono sempre più possibilità che la compagnia per cui lavorerai fallirà nel raggiungere un certo status nell'industria. Le nuove compagnie sono di solito a rischio di fallimento e non funzionano per molto tempo. Questo non riguarda solo quelle di marketing, ma anche altre industrie hanno concetti simili sul fatto che le nuove compagnie non siano in grado di funzionare per molto tempo.

Non devi accettare lavori con particolari compagnie che stanno ancora avviando il proprio business con le imperfezioni delle proprie idee di business. Una compagnia dotata di un metodo di lavoro che possa affrontare i problemi e le problematiche dell'industria è ciò che devi cercare. Le compagnie già sistemate che hanno dimostrato che la loro esperienza di lavoro va seguita per ottenere ulteriori risultati. La compagnia offre testimonial ai distributori e ai marketer che hanno successo. Una compagnia avviata e vecchia che ha dimostrato la propria capacità e abilità nell'industria sarà in grado di offrire un maggior supporto e delle prospettive migliori ai marketer quando questi iniziano il proprio lavoro. L'MLM e il network marketing sono facili da fare bene se le persone non devono combattere per i particolari uffici in casa.

È estremamente importante per il marketer conoscere bene il prodotto e i servizi che la compagnia offre e che deve pubblicizzare. Devi informarti sul prodotto, se avrà successo e se le persone lo useranno o meno. Il prodotto ha qualche scopo? Il mercato accetterà il prodotto? Il prodotto o servizio avrà delle prospettive future? Il prodotto è unico? Il prodotto rimpiazza o sostituisce qualcos'altro? Se le persone cercano il particolare prodotto sul mercato, c'è la possibilità che il particolare prodotto prosperi. Le persone cercheranno di comprare il prodotto o i servizi della compagnia. L'unicità del prodotto e le tecniche di marketing saranno il business da vendere per raggiungere gli obiettivi desiderati.

Le compagnie raggiungono il successo tramite marketing e tecniche di pubblicità migliori. La compagnia di solito si focalizza sui propri dipartimenti di marketing dato che sono i distributori dei prodotti e dei servizi, e quando sono regolarizzati, oltre che allineati con gli obiettivi della compagnia, sarà possibile ottenere risultati ancora migliori.

Capitolo 2: Schemi Piramidali vs. Network Marketing

Bisogna distinguere il Network marketing dagli altri tipi di marketing. A volte le persone pensano di far parte dell'MLM o del network marketing, ma il caso non è questo. Le persone di solito si sbagliano sul fatto che il network marketing e gli schemi piramidali siano la stessa cosa. Ma sono piuttosto diversi. Questo accade perché le persone che diedero inizio al concetto del network marketing non lo presero seriamente. Non c'era un piano di base e gli obiettivi non venivano raggiunti. Il network marketing non era regolarizzato quando iniziò, quindi questo metodo di marketing sviluppò una cattiva reputazione tra le persone, che non furono in grado di distinguerlo da altre tecniche. Non c'era un singolo schema che potesse aiutare le persone a dedicarsi alla particolare tecnica. Questo motodo di marketing non ha una Performa particolare e non venne sviluppato secondo uno schema preciso.

Questi due schemi di marketing apparentemente si assomigliano. Guardarli più da vicino, scavando anche un po' più a fondo, rivelerà l'impresa legale e la truffa. Questi due schemi si distinguono l'uno dall'altro in diversi punti, se li si conosce; saranno in grado di riportare in vita il significato del marketing.

È fondamentale ponderare che quando un'impresa è all'inizio, il primo marketing, quello iniziale, porterà delle vendite, ma queste vendite iniziali saranno considerate il mercato accogliente di cui fanno parte amici, famiglia e conoscenti compresi nella società vicina alla persona, nelle cerchie che la circondano. È importante assicurarsi che il prodotto o servizio che venderai o pubblicizzerai siano legali e legittimi e che ci siano salvaguardie per acquirenti e venditori, e questo deve essere determinato prima che la credibilità di una persona sia messa in pericolo. Ci si deve assicurare che le persone che pubblicizzano le particolari cose rappresentino la compagnia in modo veritiero e legittimo.

Ci sono state alcune compagnie che sono state in grado di evidenziare i fatti e le definizioni che aiutano il marketing e permettono determinati punti nel network marketing. È stato fornito un contesto per assicurarsi che il marketing sia di rete e sia vantaggioso per le persone che ne fanno uso.

Ecco qui alcuni dei punti esistenti che aiuteranno le persone a sapere se il marketer che rappresenta una compania sta presentando un'opportunità legittima o no.

Investimento iniziale

La maggior parte delle compagnie che lavoreranno nel particolare mercato avranno bisogno di un investimento iniziale. Queste quote iniziali includono kit dimostrativi e anche alcuni kit di vendita. Sono adeguati in termini di costi e tollerabili da parte della compagnia, se non eccessivi. Ma quando si incorpora uno schema a piramide, ci sarà bisogno di una gigantesca quantità di denaro che a volte farà riferimento ai costi d'inventario. In questo caso, alcune compagnie non sono in grado di fornire politiche di buy-back o ritiro. Perciò stai attento a quelle compagnie in particolare.

Prodotto

Controlliamo se il prodotto è utile o no? Il prodotto è considerato prezioso e richiesto e verrà venduto facilmente agli acquirenti? Prima di assumerti il compito di distribuire i prodotti di quella compagnia, assicurati di esaminare il prodotto. Capire il prodotto è molto importante e il mercato deve essere osservato. Deve esserci un piano appropriato da concepire prima che il prodotto venga lanciato e venga chiesto ai distributori di venderlo su un particolare mercato. Le condizioni di mercato e i clienti target vengono studiati attentamente prima di qualunque ulteriore passo. Bisogna controllare se la compagnia offre qualche garanzia e servizio clienti dopo la vendita del prodotto. La compagnia offre dei risarcimenti? Se tutte queste cose hanno una risposta negativa, allora la compagnia non sta rispettando e onorando i suoi clienti. E la compagnia sta anche facendo venire il mal di testa ai suoi impiegati.

Requisiti dell'Inventario

Se la compagnia richiede l'acquisto anticipato di beni in larga quantità, allora sta per forza attuando lo schema a piramide. Il carico dell'inventario è un concetto che fa comprare ai distributori stessi i prodotti al costo della commissione per poi venderli a qualcuno.

Formazione dei Dipendenti

La compagnia offre qualche tipo di formazione e dei workshop ai suoi distributori? Oppure è stato organizzato qualche workshop per novizi, veterani e per i venditori intermedi? Le compagnie forniscono i materiali necessari per la formazione e lo sviluppo oppure devi comprarli tu? Sono costosi o hanno un prezzo ragionevole?

Considerazione

La compagnia si occupa di assumere o di vendere? Le compagnie che assumono più persone hanno uno schema piramidale mentre le compagnie che seguono le vendite usano il Marketing MLM. Diversi schemi piramidali usano i beni e i servizi per sembrare legali ma si basano sul reclutamento. Se la compagnia offre delle commissioni per il reclutamento oppure paga non per le vendite ma per il reclutamento, probabilmente sta utilizzando la piramide.

Vendite

Come si fa una vendita? Le vendite al dettaglio sono quelle in cui si vendono i prodotti alle persone e non a qualcuno. La compagnia vuole che i distributori siano coinvolti nella compagnia, nelle sue decisioni e nella gestione? Se queste compagnie cercano partecipazione attiva da parte dei marketer nel loro business, allora i target e gli obiettivi saranno allineati, quindi sembra tutto legale.

Rappresentazione dei Guadagni confrontata con l'Aspettativa

Una compagnia che fa promozione dei guadagni dichiarando ai distributori i potenziali introiti sarà losca. Ci sono documenti formali e statistiche legali che aiutano i distributori a verificare che ci sia una vera e comprovata esperienza di marketing. Saranno visibili i guadagni dei distributori e le loro tendenze. La rappresentazione e le aspettative sui guadagni sarà la stessa, in base alle basi storiche presentate dalla compagnia. Se ci sono guadagni limitati altamente probabili, questa situazione può sembrare legalmente vera e basata sui fatti.

Capitolo 3: Abilità e Sviluppo Marketing

Le persone ordinarie possono a volte fare cose straordinarie che possono essere realizzate con un ampio insieme di abilità. Le persone che incorporano le abilità e si sviluppano in marketer differenziati possono creare dei meravigliosi standard. Queste sono le persone che possono usare le proprie risorse e abilità per rendere il proprio lavoro più interessante e ottenere il massimo da esso. Queste particolari abilità sono richieste per fare qualcosa nella vita. Non vedevano l'ora di istruirsi in modo che il loro lavoro non ne soffrisse e in modo da poter raggiungere i propri obiettivi personali allineati con gli obiettivi della compagnia. Vengono discusse le abilità particolari e le competenze necessarie per massimizzare i risultati e raggiungere i risultati dell'attività commerciale.

Influenza

Alcuni esperti nel settore del marketing dichiarano che la leadership influenzi davvero molto. Può essere di più, può essere di meno, ma comunque influisce. Tutto dipende dalla leadership e può sorgere o cadere con essa. È un attributo che deve guidare il mondo per ottenere successo. La leadership è molto importante perché potrebbe essere l'abilità da usare efficacemente per vendere i prodotti. Può persuadere e comunicare con le persone in modo positivo per quanto riguarda i beni e i servizi che la persona sta vendendo. Aiuterà a far dire di sì ai clienti. E il Sì a qualunque prodotto o servizio è molto importante.

Abilità

Ci sono degli specifici insiemi di abilità che sono importanti per un marketer. Queste abilità tecniche aiuteranno il marketer ad avere influenza sul lavoro. Ce n'è bisogno a prescindere dall'industria in cui lavori. Queste abilità speciali aiuteranno la persona ad imparare di più sull'outsourcing di ciò che ha senso verso l'outsourcing. È come se tu potessi eseguire il business mentre lavori nel business. Queste abilità sono solo una piccola parte necessaria per ottenere il successo e raggiungere gli obiettivi.

Focus

Nella società a ritmo veloce, in cui le cose cambiano rapidamente, la capacità di concentrarsi sulle cose sta diventando rara perché le persone sono oveunque. Ci sono diverse forze che le portano a distrarsi facilmente. La gestione del tempo non è un'abilità importante. Tutte le persone possono concentrarsi sul tempo dato che è già gestito in 24 ore al giorno. La gestione della concentrazione è la sfida che una persona deve affrontare e deve essere gestita bene. Una persona non deve vedere l'ora di potersi concentrare e devono esserci argomenti o un'agenda su cui concentrarsi. Hai bisogno di un mentore che ti possa aiutare con questa abilità.

Etica Lavorativa

L'etica lavorativa è molto importante perché devi costruire livelli di tolleranza per lavorare in un certo campo. Se ami il tuo lavoro, il tuo lavoro ti farà svolgere una parte. Il successo che arriva prima del lavoro è possibile solo in teoria. Quindi una persona ha bisogno di seguire un'etica lavorativa.

Credenza

Sei un creatore quando sei un uomo d'affari. L'imprenditore ha bisogno di avere abilità particolari che trasformeranno idee astratte in fisiche e in equivalenti concreti. Hai solo bisogno di portare avanti le tue credenze. L'universo ti farà capire che puoi ottenere quello che vuoi se sei concentrato sul tuo lavoro e hai particolari tipi di credenze.

Fede

La fede è molto importante: se hai fede o credi in qualcosa, il tuo cervello sarà in grado di tradurre i desideri astratti in concreti o in alternative fisiche. Queste possono avere l'aspetto di successo e denaro o altre controparti. L'imprenditorialità e il marketer hanno bisogno di avere fede in cose particolari e di targetizzare ciò che vogliono ottenere.

Comunicazione

Le persone con le migliori doti comunicative possono fare miracoli. Sanno come trasmettere i loro messaggi ai clienti che vogliono o non vogliono comprare i tuoi prodotti o servizi. Le comunicazioni hanno la capacità di trasformare il no dei clienti in un sì.

Queste particolari abilità, se ottenute, possono aiutarti a raggiungere i tuoi particolari obiettivi. Le doti di marketing sono molto importanti.

Capitolo 4: Il Piano in 7 Passi

Il Marketing Multi-Livello è una struttura di business che è stata usata dalle compagnie che impiegano marketer e distributori per vendere prodotti e servizi della compagnia ai clienti. Questi marketer poi reclutano altre persone da aggiungere alla rete e seguire fette più ampie di mercato. Alcune delle più grandi compagnie del mondo hanno seguito questo particolare metodo di marketing per raggiungere i target di vendita della loro compagnia. I target e gli scopi personali riveleranno se il business troverà un vero successo o no.

Il piano in 7 passi aiuterà i marketer a raggiungere il successo attraverso il Marketing MLM e le compagnie sceglieranno maggiormente queste tecniche.

Conoscere il Significato del Successo nel Business

Cosa significa successo nel business per te è il punto principale che ti dirà quali obiettivi raggiungere. Ciò che il business vuole ottenere ti dirà che piani marketing adottare. Le decisioni su distribuzione, marketing e pubblicità dipendono dal pensiero dell'uomo d'affari e del marketer che vuole ottenere qualcosa. Se il business non ha obiettivi difficili, allora neanche le altre persone assunte lo prenderanno sul serio. Si creeranno dei problemi.

Creazione di un Programma che aiuterà con il Successo dell'MLM

L'impegno è molto importante. La persona che vuole raggiungere qualche livello di successo e di denaro creerà un programma che la aiuterà a definire i livelli di guadagno necessari da raggiungere e l'impegno da seguire.

I vantaggi della Formazione di cui approfittare

Il Marketing MLM scelto da alcune compagnie programma particolari workshop e idee di formazione per aiutare i marketer e i distributori a raggiungere il successo. La compagnia di solito cerca dei programmi di formazione che diano alle persone in particolare conoscenze di vendite e del prodotto. I distributori possono usare le brochure, i manuali e anche i media forniti dalla compagnia. Le persone che vogliono effettuare vendite facendo marketing devono raccogliere più informazioni e conoscenza possibile dalla formazione.

Utilizzo degli Strumenti di Marketing

Le persone che vogliono avere successo nel raggiungere i livelli targetizzati di vendite devono usare gli strumenti di marketing forniti dalla compagnia. Ricorda, questi strumenti sono forniti perché hanno dietro di sé una progettazione basata sui fatti. Sono forniti per consentire di ottenere i massimi risultati possibili. Le persone devono usare gli strumenti come ad esempio i siti web approvati dalla compagnia, i banner e anche gli indirizzi email. Questi aiutano le persone a cercare una base clienti e il mercato target definito dai funzionari più alti nel dipartimento marketing.

Partecipare ad Assemblee ed Eventi Sociali per Diventare Un Miglior Distributore

Se vuoi che la compagnia per cui lavori abbia successo, devi condividere le tue idee di business e le informazioni del prodotto con le persone che incontri. Devi partecipare ad assemblee ed eventi sociali per far conoscere alle persone i prodotti e i servizi offerti dalla tua compagnia. Devi comunicare bene con gli utenti per quanto riguarda quelle informazioni, perché la comunicazione può far cambiare idea alle persone. E possono seguire la compagnia, e tu puoi ottenere la vendita di prodotti e servizi.

Presentare i Prodotti alle Persone

I marketer e i distributori dei prodotti possono presentarli quando partecipano agli eventi. Questi prodotti possono essere presentati alle persone alle feste e agli eventi commerciali. Questi prodotti possono essere pubblicizzati nelle case o nelle case di altri distributori. La loro presentazione è molto importante e può portare a raggiungere gli obiettivi della compagnia.

Uso dei Media per promuovere il business

I marketer di particolari prodotti della compagnia fanno uso dei media per riuscire a raggiungere i propri obiettivi. Questi media possono essere piattaforme online e offline che possono essere usate per vendere i prodotti. Puoi ottenere le specifiche informazioni e conoscenze da queste piattaforme media le quali possono aiutare il Marketing MLM. Può aumentare la rete di marketer e aggiungervi più persone reclutate.

Capitolo 5: I Segreti del Successo

I segreti del successo sono molto importanti. Sono alcuni dei punti su cui bisogna concentrarsi bene per raggiungere gli obiettivi della compagnia. Questi punti sono chiamati segreti. Possono essere etica lavorativa, abilità o formazione. Possono essere specifici o generici, ma aiutano la maggior parte delle persone a diventare buoni marketer. Aiutano lo sviluppo della rete e delle tecniche di marketing.

Essere formabili

Le persone che hanno già ottenuto il successo condividono i segreti con gli altri. Perciò cerca sempre di ottenere il maggior numero di conoscenze possibile dalle persone famose e di successo e fanne buon uso. Se ottieni il successo, cerca di insegnare agli altri, perché questo ti darà maggior esposizione nei confronti dei marketer e delle persone. Il network marketing può essere utile quando si imparano le cose.

Sviluppo dei tuoi scopi, sogni e obiettivi

Le persone che vogliono avere successo devono sviluppare i propri scopi, sogni e gli obiettivi che vogliono raggiungere. Queste decisioni e piani definiti aiuteranno le persone a tradurre i desideri in successo ed equivalente monetario. Concentrarsi sugli obiettivi aiuterà la persona ad ottenere il meglio nella vita. Ma gli obiettivi di un marketer devono essere allineati con quelli della compagnia.

Lavoro

Non ci sono risultati con l'induzione degli sforzi e il duro lavoro di una persona. Il marketer deve mettere tutto se stesso nel proprio lavoro e nel compito che gli è stato assegnato. Le persone che hanno successo lavorano ogni giorno, con obiettivi definiti e orari definiti. La strada verso il successo ha segreti particolari che devono essere tenuti a mente.

Essere costantemente tenaci

La tenacia è un principio molto importante che aiuta le persone a seguire continuamente i propri sogni. La tenacia è significativa quando devi credere che realizzerai i tuoi sogni. Le persone devono continuare a inseguire i propri sogni e avere fede in essi. Ma quando ti manca qualcosa, devi essere tenace con le tue idee e colmare le eventuali lacune.

Essere social

Le persone che hanno più collegamenti avranno successo più facilmente. Quando si aumenta il proprio circolo social, ci sono più possibilità e opportunità di vendere i prdotti. Le persone che vogliono vendere di più devono cercare maggiori connessioni sociali e comunicare le informazioni relative ai prodotti.

Conclusioni

Le attività commerciali che vogliono realizzare vendite mirate scelgono il metodo di Marketing Multi-Livello. Questa tecnica è stata usata dalla maggior parte delle compagnie che volevano aumentare il marketing dei propri prodotti e servizi. La compagnia vuole realizzare vendite mirate e poi vuole avere una rete più estesa di marketer e distributori. Ci sono diverse abilità necessarie per essere marketer, distributori e per la compagnia stessa attraverso le quali si possono raggiungere gli obiettivi definiti nelle vendite.

Il marketing di una particolare compagnia richiede diversi insiemi di abilità e risorse. Esse possono essere sviluppate dalla compagnia o dalle persone stesse. I workshop formativi servono ad assistere le persone nello sviluppo di particolari insiemi di competenze e conoscenze. Le persone possono godersi servizi e prodotti della compagnia se vengono attirate da un'efficace campagna di marketing. Le persone che possono usare gli strumenti di marketing riescono a pubblicizzare i propri prodotti in tutto il mondo più efficacemente. Ci sono alcuni segreti del successo che aiutano il network marketing ad avere più successo nel tempo. Questi segreti sono essenziali se applicati ai particolari compiti assegnati alla compagnia di marketing.